हां मुझे तुमसे प्यार है

HA MUJHE TUMSE PYAAR HAI

अनुपम कुमार

यह पुस्तक मेरी चौथी पुस्तक है और यहां मैं एक कविता लिख रहा हूं, जो कि उन किशोरों के जीवन पर केंद्रित है जो उनके जीवन में नहीं हैं, मैं इस कविता के माध्यम से लोगों को उन सभी तृप्ति को समझाने की कोशिश करूंगा। मुझे आशा है कि आप सभी इसका आनंद लेंगे, और इससे संबंधित करोगे |

क्रम-सूची

प्रस्तावना

मुझे लगता है कि यह उन सभी लोगों के लिए सबसे अच्छी कविता होगी जो इसे अपनी पूरी भावनाओं के साथ पढ़ते हैं, और इसे मेरे जीवन से जोड़ते हैं। मैं वो सब लिखता हूँ जो किशोरों के जीवन में होता है और किशोरों ने इसे कभी अपने प्यार करने वाले से नहीं कहा, और उनका आखिरी प्यार किसी और के साथ चला जाता है।

लेकिन अगर आप इसे पढ़ते हैं तो आपको यह एहसास होगा कि, उन भावनाओं को |
मुझे लगता है कि आपको इसे पढ़ने की कोशिश करनी चाहिए, और मुझे प्रतिक्रिया देनी चाहिए, ताकि मुझे पता चले कि मुझे क्या बदलना है।

धन्यवाद।
अनुपम कुमार, 4 मई 2022

भूमिका

नमस्ते, मैं अनुपम एक डिजिटल उद्यमी और एक लेखक के साथ एक छात्र हूँ।

यहाँ इस पुस्तक में अधिकांश साहसिक कार्य दर्ज किए गए हैं, एक या दो मेरे अपने अनुभव थे, मेरी कहानी के सर्वश्रेष्ठ काव्य प्रारूप में।

मूल रूप से यह पुस्तक कविता वर्तमान युग पर केंद्रित है, सभी चीजें बदल गई हैं, और लोग भी बदल गए हैं, इसलिए, मैं वर्तमान युग पर कविता लिखता हूं, प्रेम, मित्रता

आप इसे पढ़ें और सब कुछ स्पष्ट हो जाएगा, मुझे आशा है कि आप मेरी कविता का आनंद लेंगे और अपने मित्र के साथ भी सुझाव देंगे।

    धन्यवाद।

पावती (स्वीकृति)

इस बार मैं अपने सभी पाठकों को धन्यवाद देता हूं, जिन्होंने इस पुस्तक को खरीदा है और सभी कविताओं को अपनी भावनाओं के साथ पढ़ा है, और इन कविताओं को अपने जीवन से भी जोड़ते हैं।

छात्रों, किशोरों और उन सभी लोगों को धन्यवाद जो इस पुस्तक को खरीदते हैं और मेरा समर्थन करते हैं।

सभी को धन्यवाद।

आमुख

मुझे लगता है कि जब आप इस कविता को पढ़ते हैं तो आपको एहसास होता है और आप खुद को कविता की सभी पंक्तियों से जोड़ते हैं। मैं उन सभी पंक्तियों को लिखता हूं जो एक किशोर महसूस करता है और अपने प्रियजनों से कभी नहीं कहता और उन्होंने उसे हमेशा के लिए खो दिया।

मेरे शब्द पढ़ें और मुझे मेरे मेल kumaranupam79090@gmail.com पर सुझाव दें

मैं निश्चित रूप से आपकी प्रतिक्रिया दूंगा, और अंत में मैं यह कहना नहीं चाहता कि कृपया मेरी पुस्तकों का समर्थन करें।

1. हां , मुझे तुमसे " प्यार " है

हां, मुझे तुमसे " प्यार " है

तुम्हें देख के मेरा मुस्कुराना

अगर यह प्यार है तो
हां, मुझे तुमसे " प्यार " है

तुम्हें देख कर मेरा खुश हो जाना

अगर यह प्यार है तो
हां, मुझे तुमसे " प्यार " है

तुम्हें देखकर कहीं मेरा खो जाना

अगर यह प्यार है तो
हां, मुझे तुमसे " प्यार " है

तुम्हें देखकर तुम्हें देखते रह जाना

अगर यह प्यार है तो
हां, मुझे तुमसे " प्यार " है

तुम्हें देखकर तुम्हारे पलकों का नीचे हो जाना

अगर यह प्यार है तो
हां, मुझे तुमसे " प्यार " है

तुम्हें देखने पर, तुम्हें अपने बालों का सवारना

अगर यह प्यार है तो
हां, मुझे तुमसे " प्यार " है

तुम्हें देखकर तुम्हारी और आना और देखते रह जाना

अगर यह प्यार है तो
हां, मुझे तुमसे " प्यार " है

तुम्हें देख कर किसी और का ख्याल ना आना

अगर यह प्यार है तो
हां, मुझे तुमसे " प्यार " है

तुम्हें देखकर तुम्हारा भी मुस्कुराना

अगर यह प्यार है तो
हां, मुझे तुमसे " प्यार " है

तुम्हें देखकर मेरा और तुम्हारा शर्माना

अगर यह प्यार है तो
हां, मुझे तुमसे " प्यार " है

तुम्हें रूठता देख मेरा भी रूठ जाना

अगर यह प्यार है तो
हां, मुझे तुमसे " प्यार " है

तुम्हें मुस्कुराता देख मेरा भी मुस्कुरा देना

अगर यह प्यार है तो
हां, मुझे तुमसे " प्यार " है

तुम्हारे आने पर मेरे चेहरे पर मुस्कुराहट आना

अगर यह प्यार है तो
हां, मुझे तुमसे " प्यार " है

तुम्हारे और नजदीक आने पर मेरे सांसो का तेज
चलना

अगर यह प्यार है तो
हां, मुझे तुमसे " प्यार " है

तुम्हें मेरे पास आकर मुझे छू लेना और मेरा कुछ
ना कहना

अगर यह प्यार है तो
हां, मुझे तुमसे " प्यार " है

मेरे लिए तुम्हारा साड़ी और सूट पहनना

अगर यह प्यार है तो
हां, मुझे तुमसे " प्यार " है

बिना मुझे बताएं कहीं भी ना जाना

अगर यह प्यार है तो
हां, मुझे तुमसे " प्यार " है

कहीं जाने से पहले मेरे पूरे चेहरे को गौर से देखना

अगर यह प्यार है तो
हां, मुझे तुमसे " प्यार " है

तुम्हारे सजने के बाद मुझसे पूछना कि आंखों में
काजल लगाऊं कि नहीं

अगर यह प्यार है तो
हां, मुझे तुमसे " प्यार " है

मेरे सेट के रंग के जैसा तुम्हारा सूट पहनना

अगर यह प्यार है तो
हां, मुझे तुमसे " प्यार " है

मेरे डांटने पर तुम्हारा और गलती करना

अगर यह प्यार है तो
हां, मुझे तुमसे " प्यार " है

फिर मेरा और जोर से डांटना फिर तुम्हारा मुंह
फुलाना

अगर यह प्यार है तो
हां, मुझे तुमसे " प्यार " है

मेरा तुम्हें तुम बोलने पर तुम्हारा आप बोलना

अगर यह प्यार है तो
हां, मुझे तुमसे " प्यार " है

तुम्हारे मैसेज आने पर मेरे चेहरे पर मुस्कुराहट आ
जाना

अगर यह प्यार है तो
हां, मुझे तुमसे " प्यार " है

चैटिंग पर तुम्हारा हर सवाल का जवाब हम्म में
देना

अगर यह प्यार है तो
हां, मुझे तुमसे " प्यार " है

चैटिंग पर तुम्हारा हर बार इमोजी सेंड करना

अगर यह प्यार है तो
हां, मुझे तुमसे " प्यार " है

सबसे बातें छुपा कर बस तुमको अपनी हर बात
बताना

अगर यह प्यार है तो
हां, मुझे तुमसे " प्यार " है

तुम्हें अपनी बातें बताने पर मुझे भरोसा सा लगता
है

अगर यह प्यार है तो
हां, मुझे तुमसे " प्यार " है

तुम्हें गलती पर भी तुम्हें कुछ ना कहना मुझे प्यार
सा लगता है

अगर यह प्यार है तो
हां, मुझे तुमसे " प्यार " है

तुमसे चैटिंग पर बातें करना पर तुम्हारे सामने
आने पर मेरा चुप हो जाना

अगर यह प्यार है तो
हां, मुझे तुमसे " प्यार " है

तुम्हारे सामने आने पर मेरा सिर्फ हां मैं जवाब
देना

अगर यह प्यार है तो
हां, मुझे तुमसे " प्यार " है

तुम्हारे सामने मेरे सर का नीचे करना

अगर यह प्यार है तो
हां, मुझे तुमसे " प्यार " है

जब तुम मुझसे कोई लड़की की बातें करो तो उस
समय तुम्हारा ख्याल सबसे पहले आना

अगर यह प्यार है तो
हां, मुझे तुमसे " प्यार " है

जब मैं तुमसे किसी और लड़की की बातें करूं तो
तुम्हारा गुस्सा होकर बड़ी-बड़ी आंखों से मुझे देखना

अगर यह प्यार है तो
हां, मुझे तुमसे " प्यार " है

उसके बाद तुम्हारा गुस्से में कहना कि बताओ तुम
उस लड़की का नाम क्यों लिया

अगर यह प्यार है तो
हां, मुझे तुमसे " प्यार " है

तुम्हारे सामने किसी और लड़की का नाम नहीं
लेना

अगर यह प्यार है तो
हां, मुझे तुमसे " प्यार " है

अगर कोई लड़की मुझे देखे तो तुम्हारा मुझे गुस्से
से देखना

अगर यह प्यार है तो
हां, मुझे तुमसे " प्यार " है

उसके बाद तुम्हारा सवाल करना तुम उस लड़की
को क्यों देख रहे थे

अगर यह प्यार है तो
हां, मुझे तुमसे " प्यार " है

मुझे पूरा डांटना समझाना मुझे अपनी अहमियत
को समझाना

अगर यह प्यार है तो
हां, मुझे तुमसे " प्यार " है

अगर कोई लड़की मुझे प्रपोज करें तो उस समय
मेरे दिमाग में तुम्हारा ख्याल सबसे पहले क्यों
आता है

अगर यह प्यार है तो
हां, मुझे तुमसे " प्यार " है

और फिर तुम्हारा सवाल चालू और मेरे पास कोई
जवाब ना होना

अगर यह प्यार है तो
हां, मुझे तुमसे " प्यार " है

पता नहीं ऐसा क्यों होता है किसी लड़की के बारे
में सोचने से पहले ही तुम्हारा ख्याल आ जाता है

अगर यह प्यार है तो
हां, मुझे तुमसे " प्यार " है

मेरा तकलीफ में आने पर तुम को गले लगा कर
मेरा जी भर कर रो लेना

अगर यह प्यार है तो
हां, मुझे तुमसे " प्यार " है

तुम्हें मुझे समझाना और मेरा सहारा बनना

अगर यह प्यार है तो
हां, मुझे तुमसे " प्यार " है

मेरी बिगड़ती हुई तबीयत पर तुम्हारा मेरा मां जैसा ख्याल करना

अगर यह प्यार है तो
हां, मुझे तुमसे " प्यार " है

मेरे खा लेने से और ना खा लेने से तुम्हें फर्क पड़ना

अगर यह प्यार है तो
हां, मुझे तुमसे " प्यार " है

और तुम्हारा यह बार-बार सवाल करना कि तुमने कुछ खाया कि नहीं

अगर यह प्यार है तो
हां, मुझे तुमसे " प्यार " है

तुमको कुछ बोलने से पहले मेरा सौ बार सोचना

अगर यह प्यार है तो
हां, मुझे तुमसे " प्यार " है

तुम्हें कुछ गलत बोलने से पहले मेरा दिल धड़क जाना

अगर यह प्यार है तो
हां, मुझे तुमसे " प्यार " है

तुमको बस छूने भर से मेरी रगों में बिजली दौड़ जाना

अगर यह प्यार है तो
हां, मुझे तुमसे " प्यार " है

और उस बिजली को मेरा ना रोक पाना

अगर यह प्यार है तो
हां, मुझे तुमसे " प्यार " है

तुम को अपना बनाने के लिए मेरा बेसब्री से
इंतजार करना

अगर यह प्यार है तो
हां, मुझे तुमसे " प्यार " है

और यह मेरा इंतजार कभी खत्म ना होना

अगर यह प्यार है तो
हां, मुझे तुमसे " प्यार " है

मेरा हमेशा तुम्हें अपना बनाना

अगर यह प्यार है तो
हां, मुझे तुमसे " प्यार " है

तुम्हें हर वक्त मेरा साथ देना

अगर यह प्यार है तो
हां, मुझे तुमसे " प्यार " है

मेरा पसंदीदा रंग नीला और तुम्हारा उस रंग के
सारी को पहनना

अगर यह प्यार है तो
हां, मुझे तुमसे " प्यार " है

तुम्हारे मेरे बीच के हर पलों को मेरा यूं इन पन्नों
पर उतारना

अगर यह प्यार है तो
हां, मुझे तुमसे " प्यार " है

तुम्हें इसे पढ़कर मेरे से सवाल करना बताओ ना
कौन है वह लड़की

अगर यह प्यार है तो
हां, मुझे तुमसे " प्यार " है

तुम्हें सब कुछ पता होने पर भी मुझसे यह सवाल

बार-बार करना

अगर यह प्यार है तो
हां, मुझे तुमसे " प्यार " है

और उस लड़की का जब तक नाम मैं बता दूं
तुम्हारा सवाल खत्म होता नहीं

अगर यह प्यार है तो
हां, मुझे तुमसे " प्यार " है

अब मैं तुमसे कैसे बताऊं कि वह लड़की तुम ही
हो

अगर यह प्यार है तो
हां, मुझे तुमसे " प्यार " है

यह सब सुनने और पढ़ने के बाद तुम्हारा मुझे
प्यार से देखना

अगर यह प्यार है तो
हां, मुझे तुमसे " प्यार " है

और मेरा तुम्हें कबूल कर लेना

अगर यह प्यार है तो
हां, मुझे तुमसे " प्यार " है

और मैंने यह जो कुछ भी लिखा है सिर्फ तुम पर
लिखा सिर्फ तुम पर

अगर यह प्यार है तो
हां, मुझे तुमसे " प्यार " है

मैं तुमसे यह बात कभी सामने कह नहीं पाता
इसलिए मैंने सोचा इसको किताबों में ही लिख डालू

अगर यह प्यार है तो
हां, मुझे तुमसे " प्यार " है

लेखक ;

अनुपम कुमार

मुझे अभी भी तुमसे प्यार है

• 19 •

मुझे नहीं पता हम दोनों के बीच क्या था पर इतना
जरूर है कि अब वह किसी और के साथ नहीं है और
ना होगा
बस तुमसे इतना ही कहना चाहता हूं कि मुझे उस
समय भी तुमसे प्यार था और आज भी तुमसे है
मैं तुमसे यह बात कभी कह नहीं सका इसलिए तुम
मुझे हो सके तो माफ कर देना
तुम जहां भी हो जिसके साथ भी हो खुश रहना |